特定非営利活動法人　共同保存図書館・多摩
二〇二四年度通常総会記念講演（２０２４・５・18）より

「国の蔵書」を自在に利用できる時代へ

―公共図書館の未来と国立国会図書館の役割―

田中久徳

おことわり

このブックレットは、２０２４年5月１８日に開催したＮＰＯ法人共同保存図書館・多摩の通常総会での記念講演をもとに作成しました。ただし、講演後に新たな統計数値等が発表された場合は、最新のものに更新しています。

目次

田中と申します。

私は、一昨年まで三五年間、国立国会図書館に勤務しておりました。今日は、デジタル時代を迎えた公共図書館と国立国会図書館の相互連携の可能性についてお話をしたいと思います。はじめに「国の蔵書」の全国民への提供という観点から、国立国会図書館の全国サービスが辿ってきた経緯を振り返ります。その上で、現在の国立国会図書館の電子図書館事業の取り組みを概観し、最後に「国の蔵書」を共有するデジタル情報基盤の進展を踏まえて、これからの公共図書館と国立国会図書館の連携の可能性を考えてみます。現役の職員としてお話しするわけではないので、自分の願望も含めて、率直なお話ができればと思います。

1 国立国会図書館の全国サービスの歴史

はじめにデジタル時代の図書館連携を考える前提として、国立国会図書館の全国サービスについてお話しします。これまで十分なサービスができなかったことには、それなりの理由があるので、最初に歴史を振り返っておきたいと思います。

国立国会図書館設立の経緯

一般に国立国会図書館というと、「国立図書館と議会図書館を兼ねた組織」と説明されることが多いと思いますが、私は、それは不正確だと思ってきました。「国立図書館機能をあわせ持った立法支援機関」というべきだと思います。調査及び立法考査局が職員全体の四分の一くらいを占めており、二〇〇人強のスタッフが、国会議員からの依頼に基づく国政課題についての情報提供を担当しています。その部分にどうしてこだわるのかというと、「正確な情報や根拠に基づいて政治を支える」というのが国立国会図書館の一義的役割で、「国会の審議を支えるためには、国立図書館機能に基づく調査が不可欠である」こ

国立国会図書館設立の経緯（概略）

① 1947年5月、「国会法」と同時に「国会図書館法」が制定される。その時点では、文部省の下にあった帝国図書館（1947年12月に「国立図書館」に改称）を併合する構想はなかった。（米国議会図書館は、新図書館の機能を考える参考とはされていた。）
②第1回国会（1947年5月）が開会し、両院に図書館運営委員会が設置され、新図書館の検討が始まり、両院議長が専門家招聘をGHQに要請する。同年12月14日に米国議会図書館副館長クラップ氏と米国図書館協会東洋部委員長ブラウン氏が来日、翌1948年1月6日まで両院委員会と13回の協議を行い、逐次的に「覚書」を提出、これに基づき新たな法律が起草され、両院での修正を経て、1948年2月9日に「国立国会図書館法」が成立する。

・平和国家実現の最優先課題である国会機能の強化のため、新図書館には完全な国立図書館機能（出版物の網羅）に立脚したサービスが求められた。
・戦前の日本は、近代的納本制度に基づく国立図書館機能が不完全であった。帝国図書館は出版検閲本の交付を受けて蔵書としたが、図書館活動の基盤となる全国書誌作成や総合目録の整備は行われていなかった。
・当時の状況は、複数の国立図書館を整備する国力（財政的余裕）はなく、優先度の高い国会図書館が国立図書館機能を兼ねる選択肢が現実的であった。

とが、そもそもの国立国会図書館の設立理念になっているためです。

戦後、日本国憲法ができ、国会を運営するために国会法が制定されます。その中に「国会図書館を置く」という規定があり、「国会図書館法」という法律が作られました。新図書館の構想を検討する中で、両院議長がGHQに専門家の派遣を要請し、米国から米国図書館使節として米国議会図書館副館長のクラップ（Verner W. Clapp）、米国図書館協会東洋部委員長のブラウン(Charles H. Brown)の両氏が来日、関係者で協議を重ねます。最終的に使節団の勧告を受けて、「国会図書館法」は廃止され、あらためて「国立国会図書館法」を作り直すことになります。方針変更の理由は、「民主政治の根幹である国会に置かれる新しい図書館は、国の出版物を網羅し、それに基づいて、事実に基づいた議論をすることが求められる」ということで、新国会図書館に納本の権能を付与するため、上野の国立図書館（旧帝国図書館）と統合されます。

戦前の日本は、今日的意味での国立図書館の機能を持っていませんでした。一番欠けていたのは、全国書誌も総合目録もなく、図書館間で協力するための基盤がなかったことです。戦後、行政府でも国立図書館の改革が検討されましたが、敗戦下で財政的余裕がないという理由もあって、結果として日本の国立図書館は、立法府に置かれる国立国会図書館一つに統合される経緯となりました。

国立図書館の基本的役割というのは、法律に基づいて網羅的に出版物を集め、それを保存して長く伝えることです。それが「国の蔵書」であることが大事です。出版物の全国書誌を作ってどういう出版がされたかを記録し、それらの情報を全国の図書館全体で共有することが、図書館システムの基本となる。つまり、国の図書館は全国民を対象にサービスするわけですが、資料は一箇所にしかないので、直接サービスできないところは各地の図書館を通じてサービスをするという仕組みが想定されていました。全国の図書館がシステムとして機能することが大前提で、そのために納本制度と、全国書誌作成と総合目録という三つがセットになっているわけです。

戦前期の雑誌収集の問題

少し脱線しますが、私は国立国会図書館に入職したのが一九八七年で、永田町に新館ができて二年目の頃です。当時、私は児童文学に興味があり、「日本童話会」という文化団体の会員で、会長で児童文学者の後藤楢根《ならね》先生から、「戦前に自分が主宰して発行していた童謡雑誌が必ず国会図書館にはあるはずだから探してほしい」と依頼を受けます。ところがその雑誌が見当たらない。検閲に提出されたものがどうしてないのか疑問で、職場でもいろいろな人に尋ねました。勤務終了後に書庫の立ち入り許可をもらって、戦前の雑誌を悉皆的に確認した結果、「内務省から帝国図書館へ検閲資料が交付されていた」という定説は、雑誌については、あてはまらないことがわかりました。

帝国図書館の雑誌の所蔵ですが、当時通俗的と考えられた雑誌、例えば、文芸とか芸術とか、芸能とか小説だとかといったものは、ほとんど入っていない。児童雑誌もそうです。学術雑誌など必要なものは内務省からの交付ではなく集め

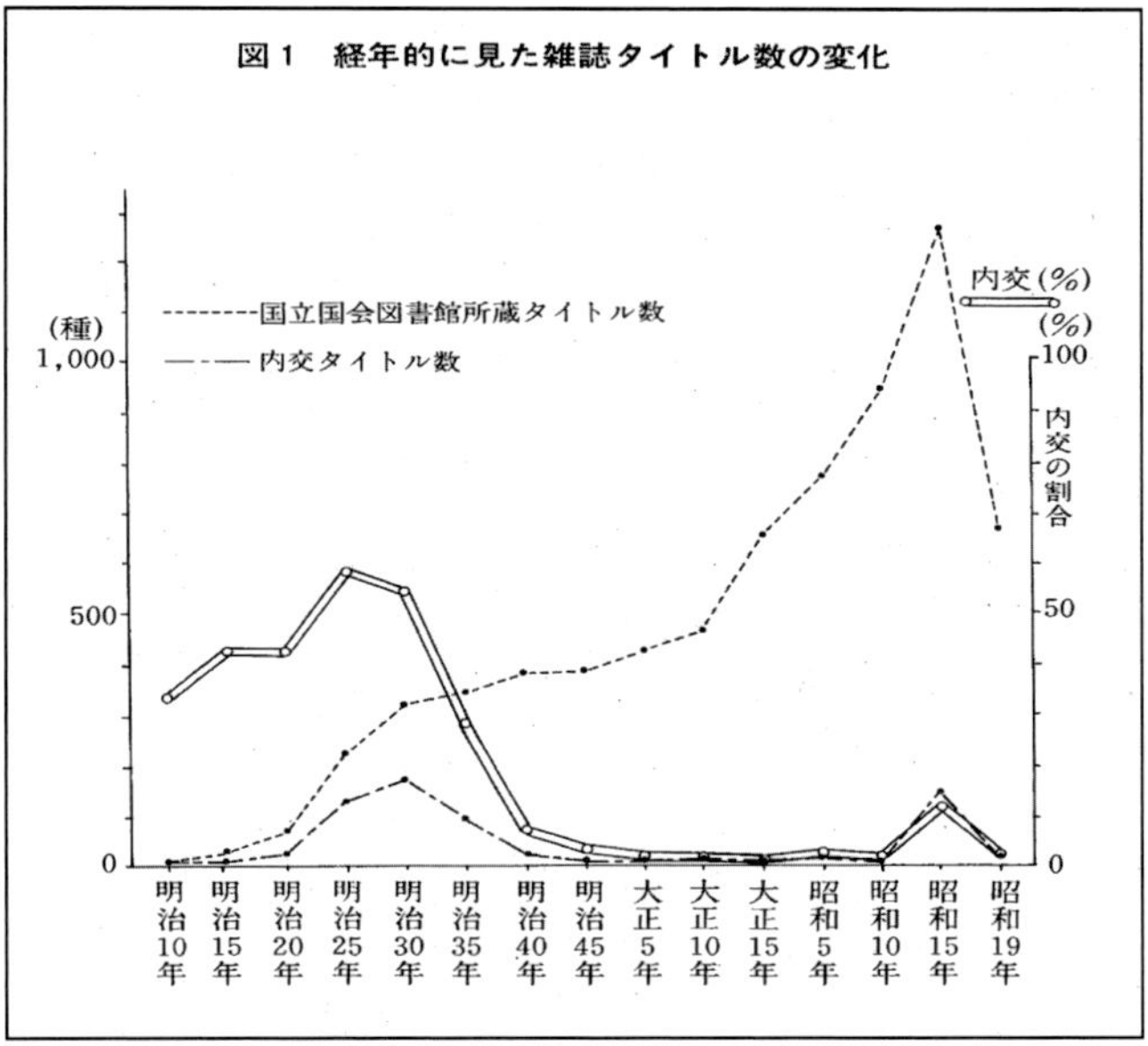

「旧帝国図書館の和雑誌収集をめぐって」田中久徳　参考書誌研究 (36) p.5
出典：国立国会図書館デジタルコレクション
(https://dl.ndl.go.jp/pid/3051285)（2024 年 11 月 25 日利用）

られていましたが、娯楽的なものとか軽く見られがちな雑誌はほとんど収集されませんでした。交付されずに内務省に残っていた検閲資料は震災や戦災で全部焼けてしまい、多くの雑誌が失われました。

　戦前の国立図書館機能が不完全であった事例としてお話ししましたが、この件は、私にとっての図書館での仕事の出発点で、今から思うと重要な意味があったと思っています。

図2 『昭和14年雑誌年鑑』掲載雑誌の国会図書館所蔵状況

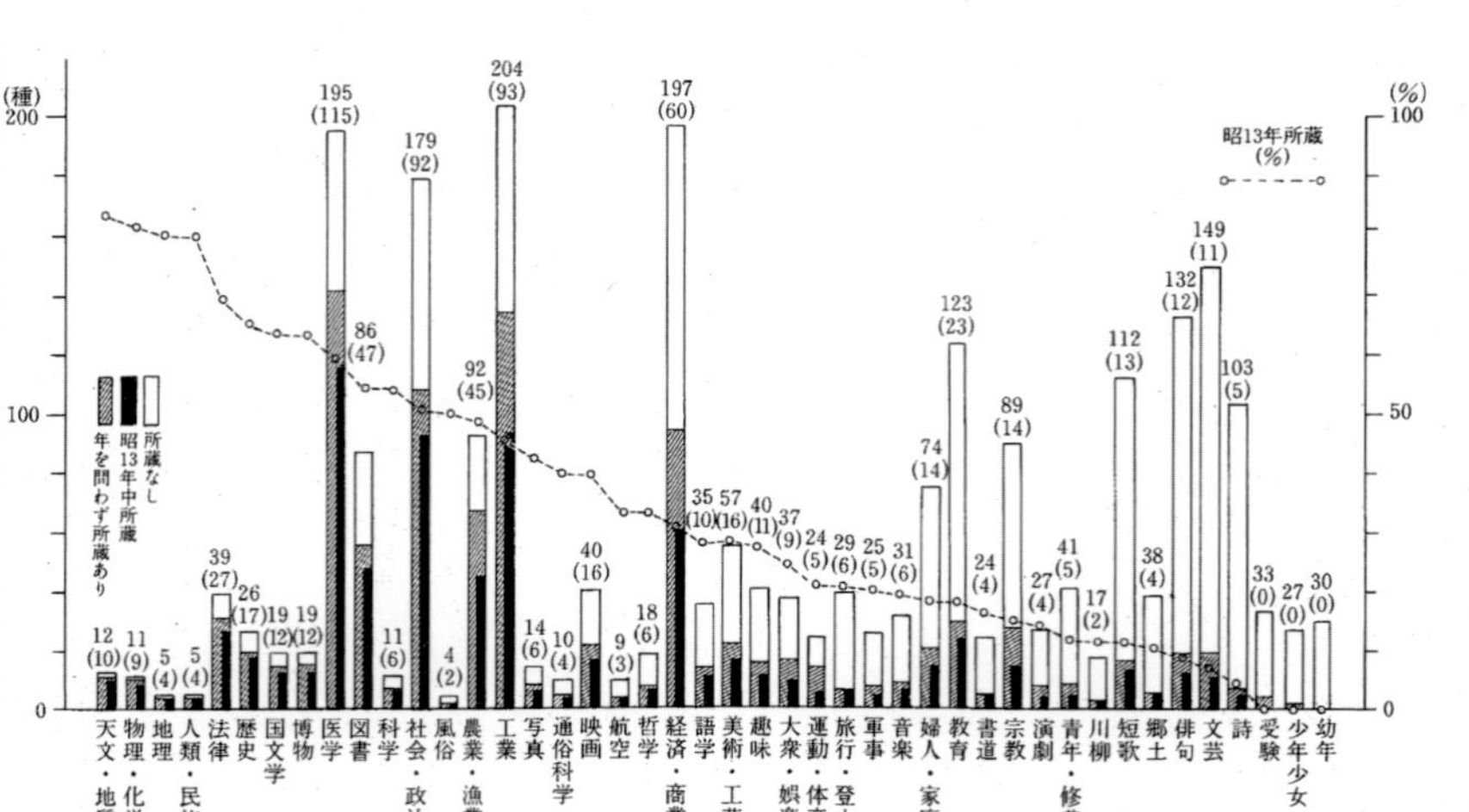

「旧帝国図書館の和雑誌収集をめぐって」田中久徳　参考書誌研究 (36) p.15
出典：国立国会図書館デジタルコレクション
（https://dl.ndl.go.jp/pid/3051285）（2024 年 11 月 25 日利用）

国立国会図書館の国民に対するサービス

話を戻します。

「国立国会図書館法第二一条」は、国立国会図書館法の中でも納本規定と並んで、最重要の条文で、国民に対する図書館サービスを規定しています。国立国会図書館の奉仕対象は優先順位が付され、国会が第一で、第二には行政・司法とはされていますが、「両議院・委員会及び議員並びに行政及び司法の各部門からの要求を妨げない限り、日本国民がこれを最大限に享受することができるようにしなければならない」としています。

第二一条第一項は、第四号まで規定があります。第一号では収集資料に加えて、電子ジャーナルのような契約利用の情報を含めて、「国立国会図書館の館内」での直接利用と「図書館相互間の貸出、複写、展示」による利用が明記されています。第二号では、「図書館の組織及び図書館奉仕の改善」についての「図書館人の援助」という表現で図書館協力事業が、さらに第四号では、「日本の図書館資料資源に関する総合目録並びに全国の図書館資料資源の連係ある使用を実現するために必要な他の目録及び一覧表の作成のために、あらゆる方策を講ずる」とあり、総合目録等による全国の図書館資源の連携が掲げられています。

ところが周知のように、長い間、全国総合目録は実現できませんでした。言い訳になりますが、一つには書庫施設の拡張が常に課題となっていて、その対応に追われてきた歴史があります。累増する資料の収蔵のため、おおよそ一五〜二〇年の周期で、定期的に書庫施設の増設が必要でした。ちなみに国立国会図書館では、施設拡張のタイミングで、機構改革なり、業務・サービスの改善なりといった将来計画を策定しています。これまで、本館庁舎建設、新館建設、関西館設置と何度か節目があり、その都度、改革・改善プランを策定していますが、全国サービスのための基盤整備は懸案として残り続けました。

国立国会図書館法 第21条

第二十一条　（一般公衆及び公立その他の図書館に対する奉仕）
国立国会図書館の図書館奉仕は、直接に又は公立その他の図書館を経由して、両議院、委員会及び議員並びに行政及び司法の各部門からの要求を妨げない限り、日本国民がこれを最大限に享受することができるようにしなければならない。この目的のために、館長は次の権能を有する。
一　館長の定めるところにより、国立国会図書館の収集資料及びインターネットその他の高度情報通信ネットワークを通じて閲覧の提供を受けた図書館資料と同等の内容を有する情報を、国立国会図書館の建物内で若しくは図書館相互間の貸出しで、又は複写若しくは展示によつて、一般公衆の使用及び研究の用に供する。かつ、時宜に応じて図書館奉仕の改善上必要と認めるその他の奉仕を提供する。
二　あらゆる適切な方法により、図書館の組織及び図書館奉仕の改善につき、都道府県の議会その他の地方議会、公務員又は図書館人を援助する。
三　（略）
四　日本の図書館資料資源に関する総合目録並びに全国の図書館資料資源の連係ある使用を実現するために必要な他の目録及び一覧表の作成のために、あらゆる方策を講ずる。
（以下略）

全国サービスの歩み①

ここからは、施設の歴史と連動させて、①「開館から永田町庁舎の完成まで（一九四八～一九六一年）」、②「新館の完成まで（一九六二～一九八六年）」、③「関西館の開館まで（一九八七～二〇〇二年）」、④「関西館開館と電子図書館サービスの本格稼働（二〇〇二年～）」の四つの時期に区分し、全国サービスの歩みを概観することにします。

まず、一期です。

一九四八年の発足当初は、館の本体は赤坂離宮（今の迎賓館）の建物を使ってサービスを行っていました。中井正一副館長が陣頭に立って全国書誌の編纂と、支部図書館制度の立ち上げに注力し、司法・行政にまたがる図書館ネットワークを作るという構想に取り組みました。全国総合目録の立ち上げも中井副館長の最大のミッションでした。総合目録構想は、「中井ビジョン」と呼ばれ、二五年計画で日本国内の主要な図書館の蔵書を一覧できる総合目録を作るという壮大なものでしたが、結局、館内の予算査定さえ通過できず、大蔵省への正式な概算要求に至らないまま、挫折することになります。中井副館長は、一九五二年に病気で亡くなります。

納本制度と全国書誌の道のりも容易ではありませんでした。当初は納入代償金の規定もなく、出版取次による一括代行制度が定着するまではという納入率も低い状態が続きました。発行者が出版物を納入すると、その代償に目録を提供するという規定があり、「納本月報」が刊行されました。都道府県立図書館等とも協力して、未収集資料の情報を調査し、『国内刊行物総目録』を年刊で刊行していましたが、次第に遅れが拡がって一九六一年には三年以上の遅れが生じ、未納本の調査は打ち切られます。

設立後十年が過ぎ、金森徳次郎館長の在任期間が長くなったところで、春秋会事件というのが起きます。外郭団体の不適切な会計処理が発覚し、幹部の管理責任が問題となりますが、刑事告発とか誰かが罪に問われたということはなく、議院運営委員会から綱紀粛正と人事刷新を求められます。背景には、金森館長に対する人事抗争の部分があり、金森館長退任後も長く影響が続きました。一九五九年には行政管理庁出身の岡部史郎氏が副館長に着任します。この方は、いわば行政管理のプロで、総合目録など現実的にいつできるかわからない事業は清算されます。岡部氏はこの後十年近く副館長をされますけれども、草創期の理想主義的傾向は後退し、身の丈を超えた業務は、この時点でリセットされることになります。

開館から一三年を経て、一九六一年に今の国会議事堂の隣にある本館庁舎が竣工し、蔵書が一カ所に集約されます。来館利用の体制は整いますが、国立図書館としての全国サービスの展望は見られず、「永田町立図書館」とも揶揄されました。また、複写や図書館貸出を含めて、一冊しかない納本資料を使い回したため、保存機能の面でも脆弱な状態でした。理念と現実の乖離は大きく、未収資料の存在、印刷カードやJAPAN-MARCなどの書誌提供のタイムラグなど構造的な問題が山積していました。

『国立国会図書館七十年記念館史』

少し話題がそれますが、国立国会図書館は、二〇二一年三月に『国立国会図書館七十年記念館史：デジタル時代の国立国会図書館 一九九八―二〇一八』を刊行しました。これは、『五十年史』以降の二〇年間の取り組みを中心とした国立国会図書館の三つめの年史です。(『国立国会図書館三十年史』一九七九年三月刊、『国立国会図書館五十年史 本編』一九九三年三月刊)

この二〇年は、デジタル対応や関西館、国際子ども図書館などのプロジェクト事業など、先例がない中で、手探りで仕事に取り組んできた時期になります。成功した事例だけでなく、うまくいかなかったことも含めて、できるだけ正確な記録を残そうという編集方針で記述しています。序章では、開館以降の大きな流れについても総括し、納本制度や全国書誌、総合目録事業などの歴史にも言及しています。

ＰＤＦ版がダウンロードできて自由に使えますが、あまり話題にならなくて、ちょっと残念でしたので、ご関心のある方はぜひご利用いただけると幸いです。

（https://www.ndl.go.jp/jp/publication/history/index.html）

「全国サービス」展開への道のり ①

国立国会図書館の業務·サービス改革は、現在の電子送信サービスに至るまで、「いかに全国サービスを実現するか」をテーマとしている点で一貫性がある。（もう一つのテーマは、「書庫施設の拡張」であるがこれは省略する。）

①開館（赤坂）から永田町庁舎の完成まで（1948～1961）
·「ダウンズ勧告」（1948）
·支部図書館制度の発足、中井ビジョン（全国総合目録25年計画）
·『納本月報』⇒『国内出版物目録』（1948 ～ 1955）
·『全日本出版物総目録』（1951 ～）収録範囲の縮小、未納本分調査の打切
·中井正一副館長死去（1952）
·春秋会事件（1958）、金森館長退任（1959）
·岡部史郎副館長（1959）機構改革（支部図書館部廃止）
·東京本館第1期工事の完成（1961）

→開館から13年を経て、国会議事堂の隣に新庁舎（東京本館）が竣工し、蔵書を1箇所に集約する。来館利用に集中し、「総合目録」等の全国サービスを展開する「手段」を欠いていたため、「永田町立図書館」と揶揄された。また、1部しかない納本資料で利用と保存とを両立させなければならず、「保存図書館」としても脆弱だった。

全国サービスの歩み②

全国サービスの歴史に戻ります。

第二期は一九六二年から一九八六年に竣工する新館建設までの期間です。一九六八年に本館二期工事が完成し、書庫や閲覧スペースが拡大します。前後して、業務機械化の検討が始まり、かなり早い段階で、電子計算機が導入されています。その後、大規模な地下書庫の設置を企図した新館建設準備が始まり、それに連動する形で、全館的な将来計画の検討が行われました。新館開館時の機構改革の主眼は、急増した雑誌論文などの複写需要への対応策で、逐次刊行物部の設置、雑誌出納や複写受付業務の外注、図書整理業務の効率化などが実施されました。また、非来館サービスと資料保存対策の強化という戦略的な業務改革が実施されています。

機構改革では、図書館を通じたサービス（国立国会図書館の間接利用）が、協力レファレンス、郵送遠隔複写、資料相互貸借とバラバラの窓口で対応していたものを国内協力課に担当係を新設して、「対図書館サービス」として優先的、一元的に扱う体制をつくり、あわせて『図書館協力ハンドブック』や「図書館協力通信」などの媒体を通じて、サービスの周知、広報を強化した取り組みです。また、資料保存では、資料保存対策室を設置、ＩＦＬＡ／ＰＡＣ

センターを誘致して、それまでの破損・劣化資料の修復という対応から、酸性紙対策など蔵書全体を保存するための戦略的取り組みを開始します。どちらのプロジェクトも初代関西館長や副館長を歴任した安江明夫氏が、企画課の担当時代から立ち上げたもので、ニーズ調査から計画立案、実施まで、明確な問題意識に基づく業務改善プランの取り組みは、特筆すべき成果だったと思います。

IFLA：International Federation of Library Associations and Institutions
図書館及び情報サービスに関する世界最大の国際組織。資料保存をはじめ、著作権、研修・教育、国立図書館などさまざまなテーマを扱う。資料保存の課題に取り組む組織の1つが、IFLA/PAC（IFLA Strategic Programme on Preservation and Conservation）で、世界各地の国立図書館に置かれた16の地域センター、国内センター等が、地域性等を活かしながら活動を展開。国立国会図書館はアジア地域センター。

「全国サービス」展開への道のり ②

②新館の完成まで（1962 ～ 1986）
- 業務改善調査会（1962 ～ 1964）
- 業務機械化調査会設置（1965）⇒ 電子計算機室（1970）
- 東京本館第２期工事竣工、全面開館（1968）
- 将来計画調査会（1974 ～ 1979）別館建設基本計画（1975）

→文献複写需要（特に雑誌論文コピー）の急増に対応する機構再編
（逐次刊行物部の設置、雑誌出納業務の外注化、複写受付窓口の増設）
→非来館利用の強化（一元的窓口の設置による対図書館サービス改革）
『図書館協力ハンドブック』の刊行、『図書館協力通信』創刊
→資料保存対策（酸性紙問題）への戦略的取組（資料保存対策室設置、IFLA-PAC）
→書誌作成、受入、貸出等の「機械化」推進（来館利用者管理システムは失敗）

③関西館の開館まで（1987 ～ 2002）
- 関西プロジェクト調査会答申（1987）
- 第二国立国会図書館（仮称）設立計画本部設置（1987）
- 第一次基本構想（1988）第二次基本構想（1991）
- 関西館準備室設置（1996）
- 国立国会図書館電子図書館構想策定（1998）
- 国立国会図書館総合目録ネットワーク事業開始（1998）

全国サービスの歩み③

第三期（一九八七～二〇〇二年）と第四期（二〇〇二年～　）は、二〇〇二年の関西館開館が区切りです。東京から五〇〇km以上離れた遠隔地に設置された関西館は、立法府の機関としての国立国会図書館が、全国民に奉仕する国立図書館であることを改めて体現した施設といえます。支部や分館ではなく、本館機能を分離・再編した中央館の一部分という位置づけで、かなりの時間と労力をかけて、一体として機能するための共通の業務基盤を構築しました。

関西館の設置目的は、大規模収蔵施設、複本コレクションの構築、外国雑誌やアジア地域・諸言語資料の文献供給、災害時の

バックアップ対応など多岐にわたりますが、全国サービスの観点では、非来館サービス（遠隔複写、相互貸借）を統括し、図書館協力と電子図書館の二つの事業の拠点と位置づけています。懸案であった都道府県立・政令指定都市立図書館の総合目録も稼働し、研修事業、視覚障害者サービス、カレントアウェアネスサービスや研究支援、レファレンス協同データベース事業などの図書館協力事業は、関西館開館を機に充実しました。

「全国サービス」展開への道のり ③

④関西館開館と電子図書館サービスの本格稼働（2002～ ）
- ・東西で共通業務を行うための業務基盤システムの構築と業務体制の再編（大型電算機時代の終了、個別システムの統合・標準化、資料の個体管理等）
- ・非来館サービス（郵送複写、図書館協力貸出）の関西館集約
- ・図書館協力事業の本格展開（図書館調査研究リポート、カレントアウェアネスサービス、研修サービス、都道府県立図書館総合目録ネットワーク事業、レファレンス共同データベース、視覚障害者サービスなど）
- ・電子図書館サービスの実施（近代デジタルライブラリー、WARPなど）

→関西館開館により、懸案であった全国サービスの基盤（非来館サービス及び図書館協力事業）が、体制面（文献提供課、図書館協力課の配置）としては完成する。ただ、開館時には、学術文献提供は電子ジャーナルに移行しつつあった。電子図書館事業も関西館の業務としてスタートするが、長尾館長の主導で2011年に東京本館に電子情報部が設置されたことで、関西館集中ではなく二元化する。最終的に国立国会図書館の全国サービスの正嫡の座は、インターネット経由の電子サービスが占めることになる。

→なお、関西館の設置目的としては、複本による貸出コレクションの構築、将来にわたる大規模収蔵施設（第三期工事分まで拡張用地を確保）、外国雑誌やアジア資料の文献供給、災害対応のバックアップ拠点、京阪奈学研都市の情報拠点等がある。

ここまで全国サービスの歴史をたどってきました。関西館の設置によって、国立図書館の基本機能として想定されていた全国サービスの体制が整備されます。一方で、二〇〇二年の時点では、すでに電子ジャーナルの時代がはじまっており、インターネット経由の電子送信サービスが、全国サービスの主役として、新しい時代を拓くことになります。また、国立図書館にとっては、インターネット環境と電子情報への対応という新たな難題を抱えることになりました。

「理念と現実」の相克

歴史的説明の最後になりますが、先述の岡部史郎副館長は、こういうことを言われています。

「アメリカの議会図書館（Library of Congress）は、一言でいえば、その実践的発展を通して、National Library を実現し得ているということができよう。そして、その実践の内容は、権限ではなくて、主として技術に、裏づけられた機能にあると認められる。この点において 同図書館に学ぶべき点は多い。」

岡部史郎「国立国会図書館の発展の方向」びぶろす 一〇巻七号三―五頁（一九五九）

アメリカの議会図書館は、我が国立国会図書館にとっては、模範とすべき一番のモデルですが、法律で定められているからといって、それだけで国立図書館の機能が果たせるわけではありません。権限の有無の問題というよりは、「技術に裏付けられた機能」、実際にやってきたことの積み重ねで、国立図書館としての実質が評価されるということだと思います。法律に規定があっても、それだけでは思うように実現できないことは、国立国会図書館の歴史が示している通りです。それでは、「理念と現実」が大きく乖離した状況で、責任ある運営はどうあるべきだろうか。初代中井正一副館長とは別の意味で、岡部史郎氏のとった戦略と書き残された文章は興味深いものがあるように思います。

（参考）国立国会図書館の概要

・日本の国立図書館であるとともに立法府の機関として、議会図書館及び立法調査機関を兼ねる。
・「国立国会図書館法」（1948年）を設置法（根拠法）とする。同法には法定納本制度が規定されている。
・衆・参両院の議院運営委員会（図書館運営小委員会）を監督機関とする。
・戦後（1948年）の設立であるが、1872年「書籍館」以来の旧帝国図書館、衆議院・貴族院図書館の蔵書を継承している。
・行政各部門と裁判所に支部図書館が設置され、中央館と連携して図書館サービスを実施し、同時に納本制度の窓口としても機能している。
・累増する資料を収蔵するため施設拡張が不可避。東京本館（1961年）と新館（1986年）、京都府精華町の関西館（2002年）と第二期書庫棟（2020年）、15～20年間隔で大規模な施設工事を行なっている。
・支部上野図書館は、東京都への移管予定を変更して、2000年に国際子ども図書館として開館した。2015年には新館（アーチ棟）を増設。

2 電子図書館サービスの現状

全国サービスの主役となった電子図書館ですが、国立国会図書館の電子図書館事業について、全体を概観しておきたいと思います。また、現状で達成できていること、残された課題について、私見を述べたいと思います。

電子図書館事業の全体像

国立国会図書館では、関西館ができる五年ほど前（一九九八年）に検討会を設置して「電子図書館構想」をまとめています。二〇〇四年の段階で「中期計画」として具体化しますが、二六頁の図はその骨格を示すものになります。現在、国立国会図書館が実施している事業は、基本的にこの図に書かれているものを踏襲するかたちで進められています。具体的には、①紙媒体資料からのデジタル化、②ウェブサイトや電子書籍・電子雑誌などの電子情報資源のアーカイブ、③類縁機関が提供するコンテンツを統合したポータルサービスの三つの主事業で、大きな柱は、最初の構想段階から変化していません。

付言しておきたいのは、国立国会図書館の電子図書館事業は、元館長の長尾真先生が主導されたといわれることが多いのですが、現在実施している事業は、長尾館長が着任される前にすでに構想としてまとめていたものになります。長尾館長は、「長尾構想」という、もう一段大きい目標を掲げられましたが、その目標までは到達できていません。ですが、長尾先生が館長としてリーダーシップを取って進められたからこそ、現在の進展があります。長尾館長時代の二〇一一年に東京本館に電子情報部が設置され、資料デジタル化やポータル連携は東京が中心に担当しています。

二七頁の図は、現在実施しているサービスの概念図で、二十年前の計画が、このように具現化しています。国立国会図書館のデジタルコンテンツ（デジタル化資料、収集した電子書籍や電子雑誌など）は、デジタルアーカイブの基幹システムである「国立国会図書館デジタルコレクション」から公開されています。公開範囲には、館内限定、登録利用者・図書館への限定配信、インターネット公開の三区分があり、コンテンツごとに設定されています。デジタルコンテンツを含めた国立国会図書館の所蔵資料、全国の図書館や学術機関の所蔵資料、デジタルコンテンツは、「国立国会図書館サーチ」で統合的に検索することができます。さらに図書館や書籍以外の多様な分野のコンテンツを含めたものが、国の分野横断統合ポータルである「ジャパンサーチ」からも提供されるという重層的なサービス構成になっています。

国立国会図書館の「電子図書館構想」の全体像

・インターネットの急速な普及により、1990年代後半から、来館せずに（非来館型）利用者が自宅で資料利用が可能な「電子図書館サービス」が現実的となる。
・1998年に「国立国会図書館電子図書館構想」を策定、関西館構想の中で電子図書館の実現をめざした。2004年の「電子図書館中期計画」では、主要3事業（①紙媒体資料からのデジタル化、②サイト単位・コンテンツ単位の電子情報の収集、③類縁機関のデジタルコンテンツを合わせた統合ポータルサイトの構築）の原型が示されている。

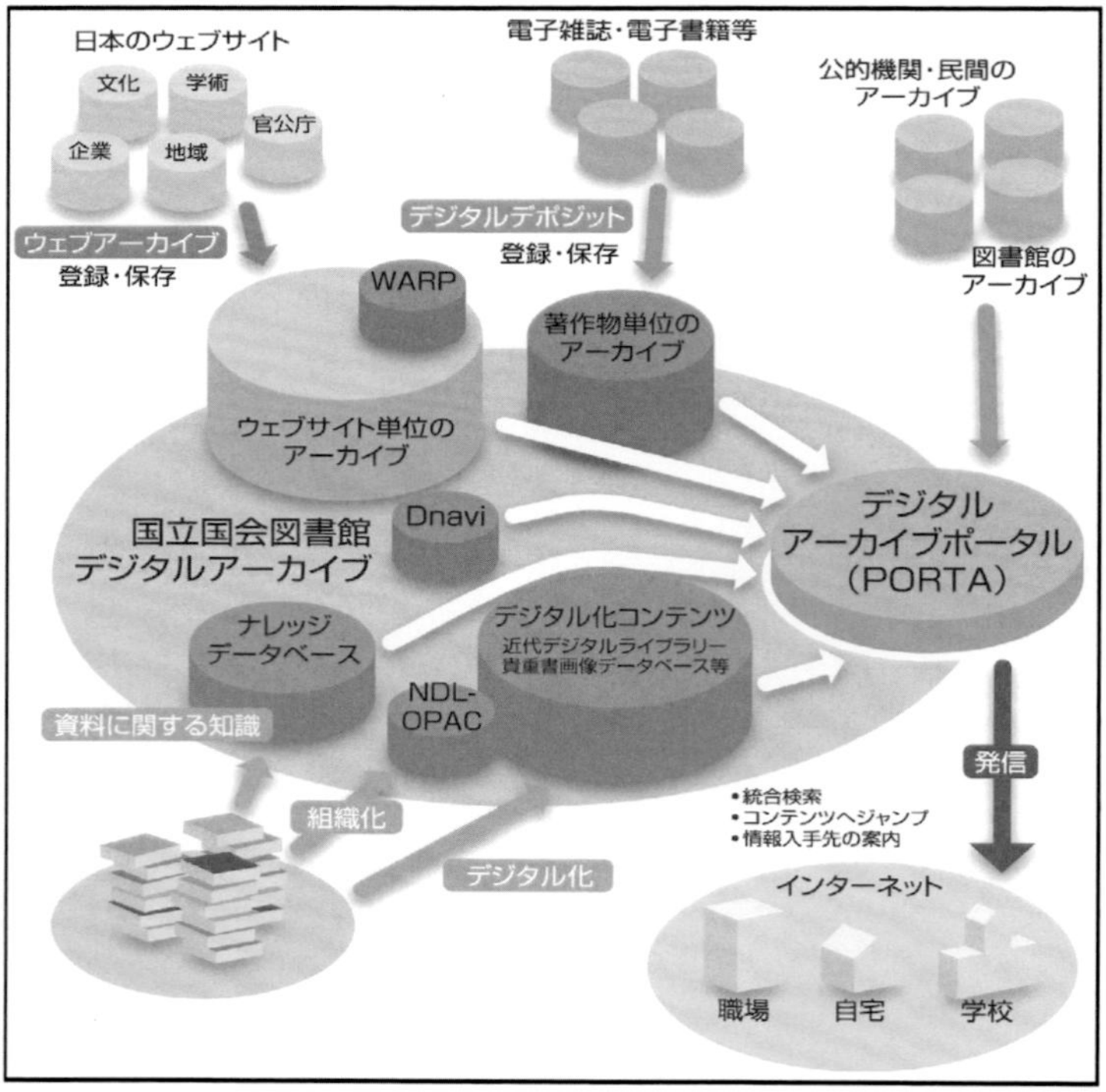

出典：国立国会図書館ウェブサイト（2012年2月23日時点）「デジタルアーカイブの全体イメージ」
(https://warp.da.ndl.go.jp/info:ndljp/pid/3483392/www.ndl.go.jp/jp/aboutus/ndl-da.html)（2024年11月25日利用）

（参考）現在のNDLのサービスイメージ（全体像）

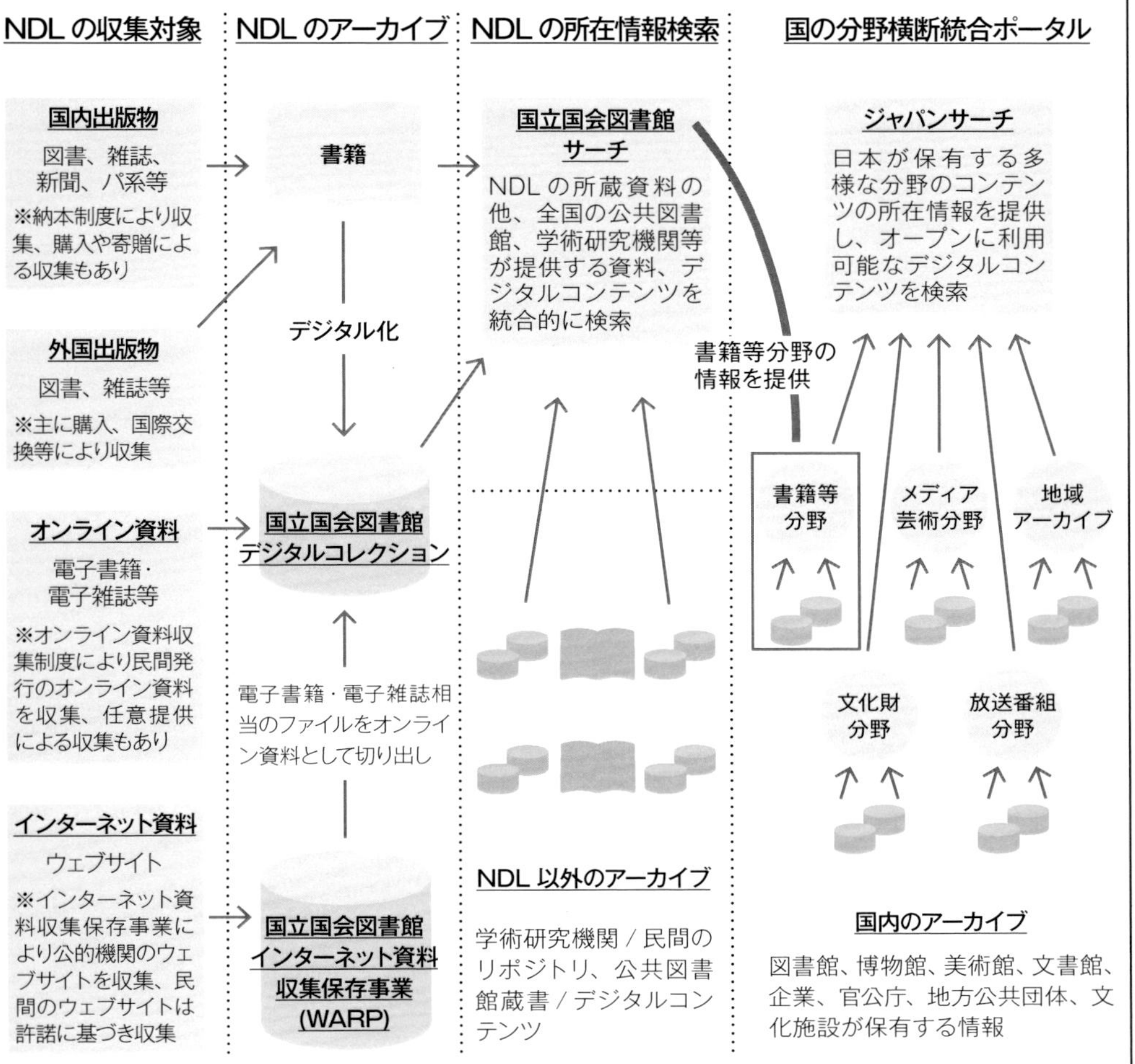

出典：国立国会図書館ウェブサイト「令和2年度第3回納本制度審議会オンライン資料の補償に関する小委員会配布資料参考資料3（令和2年11月16日）」を一部修正・加工
（https://www.ndl.go.jp/jp/collect/deposit/council/r2_3_syoiinkai_siryo.pdf）（2024年11月25日利用）

所蔵資料のデジタル化

二〇〇九年初頭、米国でグーグルが大量の書物をデジタル化し、公開したことが著作権侵害に当たるとして、米作家協会と書籍の著者たちが訴えた問題で、その和解案が日本にも影響すると大騒ぎになります。長尾館長着任二年目のことです。その直後、リーマンショック後の景気対策事業として、一二七億円の補正予算がつき、図書だけで六六万点という前例のない規模の資料のデジタル化を行い、状況が大きく動きます。

著作権法も段階的に改正され、二〇〇九年に資料保存を目的としたデジタル複製の権利制限が認められます。二〇一二年には絶版資料について国立国会図書館から国内各種の図書館までの送信が可能となり、現在は海外にも送信できるようになりました。二〇一九年の改正では、画像データから検索用テキストデータを作成して、全文検索サービスを提供することが可能となり、新規にＯＣＲプログラムを開発して、全文検索サービスの試行を開始しました。その後、二〇二〇年からのコロナ禍による図書館休館問題が起き、再びデジタル化が加速することになりました。四年連続で補正予算が認められて、デジタル化のための補正予算の総額は二一五億円を超えた規模になっています。二〇〇〇年刊行図書までのデジタル化が当面の目標ですが、一九九〇年代の半ばくらいまでの資料が作業中です。また、二〇二一年の著作権法改正で、電子書籍化されていない絶版資料は、個人（登録利用者）にも送信ができることとなり、デジタル資料の拡大とあわせて、飛躍的に利便性が高まりました。加えて、全文検索ができるので、今まで考えつかなかったような資料にまで到達できます。研究者でなくても資料を探している人にとっては環境がかなり変わってきており、急速に進展しているデジタル化の影響は、これから大きく出てくると思います。

直近（二〇二四年一一月末現在）の資料デジタル化の状況ですが、全体が四二三万件で、図書が半分（二〇九万件）を占めています。提供区分では、インターネット公開が約一五％、館内限定利用が約三七％。全体の半数約四八％は市場入手が困難な資料と認定され、送信対象は登録利用者と図書館に限定しています。

デジタル化資料提供状況（2024年11月末時点）

資料種別	デジタル化資料提供数（概数）			
	インターネット公開	図書館・個人送信	館内限定	合計
図書	37万点	102万点	70万点	209万点
雑誌	2万点	83万点	54万点	140万点
古典籍	8万点	2万点	0.3万点	10万点
博士論文	1万点	14万点	2万点	18万点
新聞	—	—	17万点	17万点
官報	2万点	—	—	2万点
憲政資料	2万点	—	0.2万点	2万点
録音・映像	—	—	1万点	1万点
地図	—	—	0.3万点	0.3万点
日本占領関係	11万点	—	2万点	12万点
プランゲ文庫	0.3万点	2万点	3万点	5万点
歴史的音源	0.6万点	—	4万点	5万点
日系移民関係	—	0.5万点	1万点	2万点
他機関作成	0.5万点	0.3万点	0.1万点	0.9万点
合計	64万点 (15.1%)	203万点 (47.9%)	156万点 (36.9%)	423万点

出典：国立国会図書館ウェブサイト「資料デジタル化について」その他及び合計数の比率を一部加工（概数表示のため、合計欄の数字は一致しない部分があります。）
（https://www.ndl.go.jp/jp/preservation/digitization/index.html）（2024年12月5日利用）

電子出版物の制度的収集

電子出版物の制度的収集は、一九九〇年代から納本制度調査会（後に納本制度審議会に改組）での検討が始まり、二〇〇〇年にCD-ROM等のパッケージ系電子出版物（有体物）が制度対象となります。ネットワーク系電子出版物（インターネット情報などの無形の電子情報）では、二〇一〇年から国と自治体のウェブサイトが制度収集の対象となりました。ただ、民間のウェブサイトは、表現行為の萎縮の懸念などで一律の制度化は難しく、公共性や記録性の高いものを選択し、発行者の許諾が得られるものについてのみ収集しています。

また、ネットワーク系電子出版物のうち、民間発行の電子書籍・電子雑誌に相当するものを「オンライン資料」と定義し、無償でコピーガードなどの保護手段が講じられていないものは、二〇一三年に制度収集の対象となりましたが、有償や保護手段がついている大半のコンテンツは、対象免除とされました。その後、関係者との協議を重ねて、二〇二三年の法改正でようやく全体が制度対象となります。ただし、紙の資料と同一版面であると申し出たもの、機関リポジトリ等（J-STAGEや電子文庫パブリなど）で長期的に保有し消去されないことが確約されるものは、対象免除の規定があり、国立国会図書館にすぐに集まるわけではありません。

J-STAGE：「科学技術情報発信・流通総合システム」（Japan Science and Technology Information Aggregator, Electronic）のこと。国立研究開発法人科学技術振興機構（JST）が運営する電子ジャーナルプラットフォーム

電子文庫パブリ：電子書籍の総合書店

ジャパンサーチの展開

先ほど言及した二六頁の「電子図書館構想の全体図」で一番右側にあるものが、類縁機関を含めたポータルサイトの計画で、二〇〇七年にPORTAを開発。四年後の二〇一一年には総合目録とあわせた国立国会図書館サーチに発展しました。海外では、Ｅｕｒｏｐｅａｎａ（ＥＵ）、ＤＰＬＡ（Digital Public Library of America　米国デジタル公共図書館）など美術館、博物館、文書館などの多様な文化機関が参加するデジタル情報のプラットフォームが整備されていますが、国立国会図書館の事業である国立国会図書館サーチに図書館以外の文化機関が多数参加するという枠組みには限界がありました。

二〇一六年に国の知的財産推進計画で、国の分野横断的統合ポータルとして、新たに「ジャパンサーチ」を整備する方向が決まり、内閣府の知的財産戦略本部が、府省連絡会と実務者協議会を設置し、国立国会図書館が実務面を担当するという仕切り直しをしました。二〇二〇年に稼働を開始、約一五〇の機関が参加し、三〇〇〇万件のメタデータが検索可能で、コンテンツごとに二次利用条件が表示されることが特徴となっています。分野ごとに「つなぎ役」の機関を置くことになっており、国立国会図書館サーチは、図書館、書籍分野を担当するプラットフォームに特化し、連携データの一部をジャパンサーチに提供する形で運用しています。

PORTA：デジタルアーカイブへの入り口をイメージした名称。ラテン語で「門」や「入り口」という意味がある。

現状の総括

ここまでのところで、ある程度達成されつつあることをまとめておきます。

資料のデジタル化は、全文検索用テキストデータの整備を含めて、二〇〇〇年までの和図書を中心に大きく進展し、個人送信利用が実現しました。デジタル情報の制度的保存は、電子書籍・電子雑誌については、商業的に流通しているものを含めた枠組みができています。また、国や地方自治体のウェブサイトの収集は、二〇〇二年から実験事業、二〇一〇年からは制度的収集が始まり、すでに十数年分の蓄積があります。

デジタル情報基盤の整備では、多様な情報資源を包含した国のプラットフォームとして、ジャパンサーチが稼働しています。また、今日はお話ししませんでしたが、視覚障害者用のアクセシブルな情報資源については、公共図書館が作ったデータを国立国会図書館が収集して、一元的に提供する「みなサーチ」が稼働しています。読書バリアフリー法の枠組みで、商用データとの仕様の標準化も進められ、電子書籍の販売サイトのデータを図書館が契約して貸し出したり、視覚障害者の方が個人で購入することも容易になっています。

ここまでで、とりあえずの総括

（ある程度達成されつつあること）

①2000年までの和図書を中心としたデジタル化（全文検索用テキストデータの整備を含む）と利活用拡大
②電子書籍・電子雑誌の保存の枠組み
③国（自治体）のウェブサイトの保存
④図書館以外の情報資源を包括したデジタル情報基盤の整備
⑤視覚障害者用のアクセシブルな情報資源の拡大

（課題が残されており、今後の対応が必要なこと）

①21世紀の出版物の電子的な利用を確保するための方策
②書籍・雑誌以外の電子コンテンツ（音楽、映像、ゲーム）の保存
③民間のウェブサイト、ブログ・SNS等の保存
④デジタル情報の長期保存（利用可能性の確保）
⑤デジタル情報基盤の持続可能性（閉鎖アーカイブ、運用コスト）

これからの課題

今後、対応が必要な課題についても触れておきたいと思います。

大きい課題の一つは、二〇〇〇年以降の出版物についての電子的利用をどのように確保するかという問題です。現時点では、商用電子書籍との関係もあり、デジタル化の対象としては留保している状態で、この何年かで協議していくことになるのだろうと思います。個人にのみ販売して図書館には売らない電子書籍もたくさんあるので、電子版しかない出版物を図書館の利用者にどのように提供できるのかということも課題です。

また、電子書籍や電子雑誌以外の商用電子コンテンツ、例えば、電子流通している音楽、映像、ゲームなどは、パッケージ媒体で販売されていなければ、制度的に保存する仕組みがないので、個人的にはそれでいいのだろうかと思います。特に音楽は、サブスクリプション契約で利用するビジネスモデルに移っており、どこまで長期的に保存されるのか懸念があります。民間のウェブサイト、ブログ、SNSなども事業者の方針変更で、いつでも消去されてしまう可能性があります。

さらにデジタル情報を長期的に保存するにはさまざまな課題があります。昔のCDも寿命が十数年で結構短くて、パッケージ媒体をサーバーに移し換えるにも膨大な手間とコストがかかります。また、電子情報が爆発的に増加し続けると、いずれ地球の限界を超えてしまうのではないかという話もあります。そこまで極端でなくても、デジタル情報基盤の持続可能性の問題があり、特に公共性の高い情報資源を確実に継承していくことは、運用コストの負担を含めて、難しい課題です。国立国会図書館では、東日本大震災後に作られた震災関連サイトを連携する震災アーカイブの仕組み＝東日本大震災アーカイブ（ひなぎく）を作っていますが、さまざまな事情で閉鎖するアーカイブの継承が課題になっています。

3　公共図書館との相互連携の期待

今日の本題である公共図書館と国立国会図書館のデジタル連携について、はじめに両者の接点で生じるいくつかの事例を取り上げます。

（論点1）デジタル送信拡大の影響

国立国会図書館のデジタル送信の対象が、二〇〇〇年刊行の出版物にまで拡大したとき、例えば公共図書館の蔵書の保存はどうなるだろうかと考えるとやはり影響があると思います。利用頻度の高い二〇年前までの資料が個人送信されるなら、極端な話、日本中の図書館で「二〇世紀のものはデジタルデータで提供すればいいじゃないか」と言い出す人もあるように思います。

（論点１）デジタル送信拡大の影響

☆国立国会図書館のデジタル送信の拡大（①対象範囲が1968年までのものから2000年までに拡大、②図書館送信から個人への直接送信、③全文検索が可能になる）は、公共図書館にどのような影響をもたらすだろうか？

・送信範囲が、50年前までのものから20年前までになることで、影響は飛躍的に拡大する。資料の保存に影響する（除籍の圧力が高まる）ことも考えられる。
・公共図書館の所蔵資料の保存は、NDLのデジタル送信の有無によって判断すべきではない。それは、以下の理由による。
　① 絶版入手困難資料は、復刊やデジタル書籍化により、常に送信対象から外れる可能性がある。（刊行年が新しいほど市場ニーズもある）
　② 全文検索により新たな利用ニーズを喚起する可能性があるが、公共図書館では、冊子体の資料で利用したいという要望にできるだけ応える必要がある。電子資料と紙の資料は、メディア利用特性の違いが大きく、「基本的には別物」であり、どちらかだけで十分ということにはならない。（相補的）

（参考文献）根本彰「知のメディアとしての書物：アナログ vs. デジタル」情報の科学と技術　73巻10号　p.413-422（2023）

私は、公共図書館は、できるだけ紙の本を持ち続ける必要があると考えます。理由の一つは、現在の制度では、出版者の意向で、いつでもそのデータを送信対象から外せるからです。つまり、利用が保証されないことがあります。出版者は、やっぱり売れるものなら売りたいわけで、再出版の可能性があります。紙の本を廃棄した後で、送信ができなくなったらどうするのかという問題です。

また、全文検索が古い本の利用可能性を高めて、新たな需要を喚起すると思います。これまでの経験で、資料のデジタル化は、潜在的ニーズを確実に掘り起こすという実感があります。検索でヒットすると、「こういう資料があったのか」とみんなそれを利用する。今までは、辿り着けなかっただけであって、ルートができれば何年前の本であっても需要が生まれます。全文検索ができるようになれば、その傾向はいっそう強まるのではないでしょうか。そのときに身近な図書館では、紙の本の形で利用できることが重要です。

さらにいうと、根本彰先生が、「知のメディアとしての書物：アナログｖｓ．デジタル」（「情報の科学と技術」七三巻一〇号 四一六―四二二頁、二〇二三）という論文で指摘されているように、電子と紙はメディア特性が大きく違います。本は手に取ってめくってパラパラ見ると頭に入ってくるのですが、電子で眺めてもなかなか頭に入ってこない。もちろん、全文検索や遠隔地への送信利用は電子だから可能になったわけですが、図書館では紙の本を持つことも重要な役割で、紙と電子が並行する状況が今後も続いていく前提でサービスを考える必要があります。逆説的ですが、電子情報の利用可能性が広がったからこそ、身近な公共図書館は紙の本を持ち続けることが重要という点が、この問題についての私の考えです。

(論点2) 国立国会図書館未収集資料の活用

今後、所蔵資料のデジタル化は、公共図書館においても重要な事業となっていくことが予想されますが、国立国会図書館では、全国の図書館での資料デジタル化作業の便宜のために「資料デジタル化の手引き」を公開しています。デジタル化の仕様や技術の共有によって、品質の確保や作業の効率化が進むことも重要な目的です。

また、残念ながら国立国会図書館には、法定納本の対象出版物であっても実際には所蔵できていない「未収集資料」が存在します。大手出版取次を経由する図書は、一括代行の制度があり大半が収集されていますが、何かの事情で外れてしまうこともあり、時機を逸すると督促しても手に入らないことになります。また、取次を経由しない出版物の把握には限界があり、さまざまな機関や個人が発行した出版物、地域性の強いものなど、公共図書館にのみ所蔵されている資料はたくさんあります。

こうした国立国会図書館未収集資料を公共図書館が所蔵している場合、当該図書館がデジタル化して、国立国会図書館にデジタルデータを提供することが、著作権法上、可能となっています。さらに、その資料が絶版等の市場入手困難資料であった場合は、提供を受けた国立国会図書館が全国の図書館や登録利用者に対して、デジタル送信を行うことも可能です。この運用は、出版社や著作権者等との間で行っている関係者協議の場でも確認しており、現在、一万点近い資料が提供されています。

国立国会図書館が、納本制度の周知と収集の充実に務めることは当然ですが、一方

（論点 2）国立国会図書館未収集資料の活用

☆国立国会図書館が所蔵していない、入手困難資料について、公共図書館・大学図書館がデジタル化した場合、データを国立国会図書館に提供し、データを保存するとともに図書館・登録利用者への送信サービスに利用する。

・図書館等がデジタル化した資料が、入手困難資料に該当する場合、これを国立国会図書館に提供し、同館が送信することが可能（平成 29 年文化審議会著作権分科会報告 p.125）
・個人送信にかかる国立国会図書館と関係者協議の合意では、国民のアクセスを確保する観点から、積極的に提供することが望ましいとされた。

（要件）
①国立国会図書館の所蔵がないこと（収集方針による確認）、
②市場入手困難であること、
③インターネット公開されていないこと（公開資料は WARP、e-depo の対象）

（実績）

東京大学附属図書館	図書	11
五所川原市立図書館	新聞	254
府中市立図書館	図書	167
岡山県立図書館	雑誌	1,796
上田市立上田図書館	雑誌	129
大阪府立中央図書館国際児童文学館	雑誌	142

で、全国の図書館が協力して、国全体としての出版資源の共有を図ることも重要な取り組みであると思います。さらには、国立国会図書館未収集資料の問題は、デジタル化による共有のほかにも公共図書館の除籍資料の活用も課題だと考えます。

（論点３）地域情報の共有拡大

地域情報や地域アーカイブについては、国立国会図書館の支援が期待されていると思います。これから人口減少や地域社会の縮小が予想される中で、生活の記録、地域の記録が、失われてしまう可能性もあります。地域の情報拠点としての公共図書館が、デジタルアーカイブを構築することは、優先順位の高い任務と考えます。現在は、デジタルアーカイブの普及のための情報提供や技術支援が大事な段階でもあるので、国立国会図書館が公共図書館の支援に積極的に関与していくことが重要だと思います。

（論点３）地域情報の共有拡大

☆地域の情報拠点という公共図書館の性格づけが強調され、地域情報のアーカイブ化が求められている。NDLサーチ、ジャパンサーチといった共有プラットフォームが整備される中で、どのような施策が必要か。

・クラウド型サービスのTRC-ADEACは、公共図書館のデジタルアーカイブ支援に特化し、普及拡大に寄与している。NDLサーチ、ジャパンサーチとの連携ももセットされているので有力な選択肢になる。一方で、アーカイブの普及拡大には、多様な選択肢が用意されることも重要で、そのためのノウハウの共有が課題となる。アーカイブの技術研修などのNDLの関与も望まれる。
・高齢化社会が進行し、人口減少や地域社会の縮小が具現化しつつある状況で、散逸、消滅するおそれがある記録を継承する課題は、社会全体で取り組むべき喫緊の課題。デジタル化の活用を前提に、地域の情報拠点としての図書館が主体的に行動し、記録の保存や共有活動に取り組んでいる個人・団体、類縁機関との連携、提供の呼びかけなど、地域情報の対象範囲の拡大、収集強化も求められている。

（論点4） 行政情報の統合的把握

ＷＡＲＰ（Web Archiving Project インターネット資料収集保存事業）は、制度収集の開始から十年以上が経過していますが、残念ながら認知度があまり高くはありません。一つには、現行のウェブサイトとの混同が生じる懸念があるため、グーグルなどの検索エンジンの対象から外しているので、通常の検索ではＷＡＲＰの収集ページはヒットしないことも影響しているかもしれません。ウェブサイトは日々更新され、国や自治体の組織改編、首長の交代、町村合併など、重要な情報が消えることも頻繁に起きるため、継続して利用を保証することは重要です。最近では、年限を区切って「古いファイルはＷＡＲＰでご利用ください」という案内を掲示する府省や自治体のサイトも増えてきています。

ＷＡＲＰでは、年四回の頻度で、自治体のウェブサイトを集めていますが、ウェブサイトに掲載されている個別のコンテンツを切り出して、メタデータを付与する作業が人手を要するため、検索可能なものが一部に限定されている問題があります。将来的には、技術的な解決手段ができる可能性もありますが、現時点では、それぞれの公共図書館が自分の自治体の刊行物が、どういう状況になっているのか、ご確認をいただけるとありがたいと思います。

公共図書館のサイトで、過去の市報や公報のファイルを公開されている場合もありますが、ＷＡＲＰに収集されているファイルから切り出しができ、検索対象となれば、二重にアーカイブする必要はなくなると思います。

（論点４）行政情報の統合的な把握

☆国立国会図書館では、2010年からインターネット資料収集保存事業を実施（実験事業は2002年から）しており、全国の自治体サイトを年４回定期的に収集しているが、この間、官庁出版物のデジタル化が進行し、紙媒体では出版されないものが多数となっている。従来、市町村の刊行物は納入率が低く、デジタルコンテンツへの切り替えで、いっそう全貌がわかりづらい状況になっている。また、WARPで収集したアーカイブデータから、個別の刊行物に相当するファイル（市報の1号分など）を切り出して、個別にメタデータを付与し、オンライン出版物として格納する作業を実施しているが、（冊子体の納入のないものなど）少数にとどまっている。

・市立図書館が自治体刊行物の電子版を保存している場合、紙の時代を含めてデジタルアーカイブ化している場合もある。この場合、図書館のサイトはWARPの収集対象となるが、デジタルアーカイブの個々のコンテンツは収集対象外となる。
・サイトに紐づいた個々のファイルは、WARPの全文検索によって把握することはできるが、オンライン出版物として登録されたファイルとは一覧できない。最終的には、AIを活用した切り出しやメタデータ付与の自動化の可能性はあるが、現状では難しい。
・NDLで個々のデータが網羅的に格納されていれば、DOI識別子が付与されるので、二重にアーカイブ化する必要はなくなる。自治体や図書館と連携することで、最小限の負担で、デジタルコンテンツとして、全体を統合的に把握する仕組みが構築できないだろうか。

（論点５）書誌情報の利活用

最後の論点は、書誌情報の利活用です。全国書誌データの利便性は、以前に比べるとかなり向上していると思います。ＪＡＰＡＮ−ＭＡＲＣ形式で週次の新着データを公開しており、二〇二四年一月からは、国立国会図書館サーチから、検索によるダウンロードもできるようになっています。

現在、書誌データが完成するまでのタイムラグは約一ヶ月ですが、受入四日後には作成中データ（約七割はＮＤＣが付与されている）が、新着書誌情報として提供されています。個別に検索してＡＰＩ経由でデータを取り込むことも、まるごとＭＡＲＣデータを自館のデータベースに落とし込んでコピーを作

（論点５）書誌情報の利活用

☆JAPAN/MARCの公共図書館での利用について

- 2024 年 1 月の NDL サーチのリニューアルで、① NDL サーチの検索用 API からの書誌データ取得（検索して必要なデータのみ自館に取り込む）、② NDL サーチのハーベスト用 API からのデータ取得（自館に書誌データのコピーを持つ）、③ NDL サーチ、JAPAN/MARC データ（毎週更新）からのデータダウンロードが可能となった。
- 全国書誌データのタイムラグは、出版物が国立国会図書館に届いてから約 1 ヶ月後、「新着書誌情報」として作成中のデータは約 4 日後に提供している。
- JAPAN/MARC は、納本制度に基づき収集した出版物で、市場流通出版物の 95%以上は納入され、官庁出版物、自治体出版物も含まれる。
- 国立国会図書館の提供書誌の取込機能を実装している図書館システムは、2024 年 3 月現在 52 システムある。
- 2022 年 9 月に実施した書誌データに関するアンケート結果では、利用機関は、学校＞専門＞大学＞公共図書館の順で、公共図書館では「利用していない」が半数を占めた。

出典：国立国会図書館ウェブサイト「書誌データの利用方法」
（https://www.ndl.go.jp/jp/data/data_service/quickguide/index.html）
（2024 年 11 月 25 日利用）

り、そこから利用することもできます。

国立国会図書館の書誌取り込み機能を実装した図書館パッケージシステムは、二〇二四年三月現在、五二システムあるということですが、アンケート調査では、公共図書館の半数がJAPAN-MARCを利用していないという結果です。JAPAN-MARCは、民間MARCよりも官公庁や自治体等の出版情報も遥かに多く収録しています。今後の活用を考えていただければありがたいと思います。

最後に、公共図書館と国立国会図書館の連携の可能性について、私見を述べたいと思います。

紙と電子のハイブリッド状況での役割分担

直近の未来を予想したとき、図書館の情報資源が、物理的な出版物と電子的な情報資源に二分される状況、紙と電子のハイブリッドな状況は、出版状況を考えてみても、当分の間は続くと思われます。紙と電子は、それぞれの基本的なメディア特性が違うため、目的に応じて、選択や組み合わせを考えることが重要で、図書館としては、両方とも提供することが要求されます。大学図書館など学術情報に近いところは、デジタル情報にシフトしていくので、紙の本を提供するのは、最後は公共図書館でなければできなくなるかもしれません。公共図書館は利用者の幅広いニーズに応える使命があるため、紙の本を蔵書として維持することが求められるわけですが、そのことは公共図書館の戦略としても重要な意味があると考えます。

先ほども述べましたが、電子と組み合わせることによって、紙の本の利用価値も高まります。国立国会図書館が、デジタルアーカイブを構築して全文検索を提供し、古い出版物の利用可能性を高める。それが公共図書館の活動を支えることにつながると、いっそう図書館の存在価値が高まると思います。過去の情報を知ることができるようになって初めて、古い資料に対する需要も出てくる。利用者は目の前の蔵書しかないと思いがちですが、そうではなくて、ここにある本の背後には、これまでずっと積み上げてきた膨大な文献・知識の世界があって、その世界を図書館は持っている。そのことを利用者にどうやって見えるようにしていくかというのが、学校図書館を含むこれからの図書館サービスの大事なポイントなんじゃないかと思います。図書館が豊かな精神世界の窓口であることを具現化するために、国立国会図書館には、公共図書館の仮想的蔵書を下支えする役割を期待したいと思います。

地域のデジタルアーカイブ機能が必須となる

近未来予想の二点目は、地域のデジタルアーカイブ機能が、これからの公共図書館に必須の存在になるということです。地域の公共図書館はその地域固有の情報資源を保有しているわけですが、各図書館が持つ地域情報をどうやって社会に見せていくかということが、これからの図書館の社会的評価と深く関わるようになると思います。

全国の公共図書館が地域資料に熱心に取り組まれていることは承知していますが、これまでの「地域資料」の範囲を超えて、デジタル社会が地域で生み出している「地域の記録・記憶」全体を図書館の守備範囲とする要請も高まっているように思います。デジタル社会が生み出した地域の記憶とか記録といったものを図書館がどうやって掬い取って、それを守備範囲にしていくかという課題です。また、各自の情報資源を社会全体で共有するためには、収集した情報資源をデジタルアーカイブとして蓄積・発信する機能を持つことが不可欠です。それぞれの図書館がデジタルアーカイブとして情報発信することで、地域の情報資源はその自治体の中だけでなく、全国で一体化することが可能になる。地域の情報拠点である公共図書館は、それぞれの地域の情報資源の発信主体となることが期待されていると思います。

地域性という観点でみれば、公共図書館はその地域の情報についての一番の責任主体です。それが全国で集まることで、大きな国のデータベースを構成することになります。地域の役割は国立国会図書館では担うことができない。そういう意味では、国立国会図書館も少なくともデジタルアーカイブの構成員としては各公共図書館と全く横並びの対等な立場になるというのが私の考えです。もちろんそのプラットフォームを設置する費用とかは別の話ですが、その中身についての責任主体ということでは横並びの関係で、共通の課題に取り組むことが期待されます。

仮想的な「国の蔵書」を構築する

デジタル連携の話題の最後に仮想的な「国の蔵書」について考えてみたいと思います。いうまでもなく、「国立図書館」の基本的役割の一つは、法定権限に基づき出版物のナショナルコレクション、「国の蔵書」を構築することにありますが、狭義の「出版物」にあてはまらない多様な情報資源があふれている今日では、「国の蔵書」に対する考え方を見直していく必要があります。これまで国立国会図書館が取り組んできた、インターネットアーカイブ事業やデジタルアーカイブのポータル事業は、ある意味では「国の蔵書」の範囲を拡張する試みとも考えられます。「国立図書館」もデジタルアーカイブを構成する一員として、国全体の文化情報資源を集積する「ジャパンサーチ」に参加し、仮想的な「国の蔵書」が形成される状況が生じています。

こうした中で、それぞれの公共図書館が独自にデジタルアーカイブを構築し、地域の情報を中心としたアーカイブを主体的に担う状況が広がっていくとすれば、各図書館の情報資源は、仮想的な「国の蔵書」の一部を構成するという考え方も成り立ちます。図書館の情報資源の対象がさまざまなデジタル記録に広がる中で、公共図書館と国立国会図書館の新しい連携の可能性がそこから生まれることになります。仮想的な「国の蔵書」は、そもそも法定権限で構築されるものではなく、構成員全体の集積物として成立するものです。繰り返しになりますが、公共図書館と国立国会図書館が横並びの立場で連携する関係が、これから特に重要になってくるように思います。

実は、ここまで考えてくると公共図書館と国立国会図書館の横並びの関係性は、決してデジタル情報に限定される話ではないようにも思えます。もちろん旧来型の出版物については、国立国会図書館が法定された役割に基づいて「国の蔵書」を構築する責任を負っているわけですが、現実には、地域資料をはじめ、多くの「未収集資料」が、公共図書館に所蔵されている実態があります。インターネットを経由して、全国の図書館が所蔵する資料が瞬時に検索可能となり、また、デジタル化した出版物が送信可能となる状況での「国の蔵書」は、「国立図書館」が専権的に構築するものに限定されるものではなく、全国の図書館活動の総体として共有、発展させていくものと考えることもできるように思います。

また、こうした仮想的な「国の蔵書」の考え方は、公共図書館活動における資料保存の重要性を問い直す契機にもなると考えます。

デジタルアーカイブを通じた相互依存関係

結論を図にまとめるとこのようになります。デジタルアーカイブの時代には、国立国会図書館でしかできないこと、それぞれの地域の図書館でしかできないことがより明確になって、相互依存関係で結ばれる。これまで以上に、互いが対等に協力し合うような状況が生まれると期待しています。

先ほど引用した岡部史郎副館長の文章には、図書館の協力関係について言及した続きがあります。最後に引用してお話を終わりたいと思います。

デジタルアーカイブを通じた相互依存関係

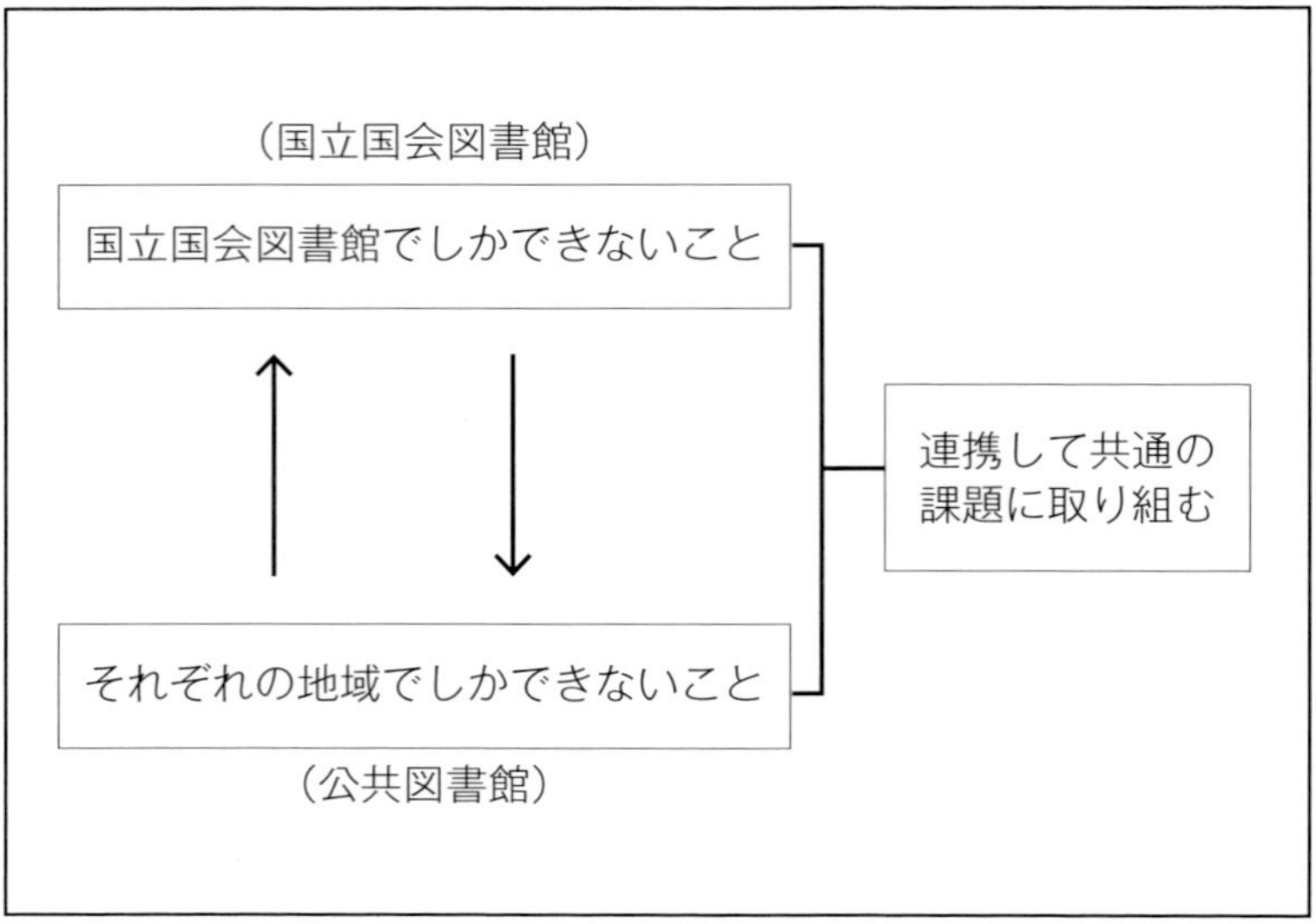

「私の信ずる所によれば、図書館の世界において、孤立（Abgeschlossenheit）ほど、避けなければならないものはない。そして、各図書館間の連絡・協力は決して一方から他方へ対して、いやしくも、押しつけがましいPaternalなものであってはならない。それは、あくまでも対等の立場に立つgive and takeの相互補充的な関係のものでなければならない。そうでなければ、円満な連絡・協力の関係は、永続的な基礎を失うであろう。」

岡部史郎「国立国会図書館の発展の方向」びぶろす一〇巻七号三―五頁（一九五九）

ご清聴いただき、どうもありがとうございました。

多摩デポブックレットのご案内

定価（税込）No.1～4, 6～13　各660円／No.5　770円
No.14～15　各880円／No.16　1100円

No.1	公共図書館と協力保存 －利用を継続して保証するために－	安江明夫著 2009.5刊
No.2	地域資料の収集と保存 －たましん地域文化財団歴史資料室の場合－	保坂一房著 2009.9刊
No.3	「地図・場所・記憶」 －地域資料としての地図をめぐって－	芳賀　啓著 2010.5刊
No.4	現在《いま》を生きる地域資料 －利用する側・提供する側－	平山惠三 蛭田廣一著 2010.11刊
No.5	図書館のこと、保存のこと	竹内　悊 梅澤幸平著 2011.5刊
No.6	図書館の電子化と無料原則	津野海太郎著 2011.10刊
No.7	多摩を歩いて三七年半 ～街、人、暮らし、そして図書館～	山田優子著 2012.5刊
No.8	被災資料救助から考える資料保存 －東日本大震災後の釜石市での文書レスキューを中心に－	青木　睦著 2013.11刊
No.9	電子書籍の特性と図書館	堀越洋一郎著 2013.11刊
No.10	図書館連携の基盤整備に向けて ―図書館を支える制度の不備と「図書館連合」の提案―	松岡　要著 2015.1刊
No.11	書物の時間―書店店長の想いと行動―	福嶋　聡著 2017.8刊
No.12	図書館の「捨てると残す」への期待と不安 ―出版産業の危機の中で／書き手として、利用者として―	永江　朗著 2018.10刊
No.13	図書館計画で書庫はどう考えたらいいのか？ ―いくつかの街の図書館づくりに参画して学んだこと―	寺田芳朗著 2019.3刊
No.14	図書館づくりの現況から「保存」を考える	塩見　昇著 2019.7刊
No.15	“市民の図書館”の資料保存問題	山口源治郎著 2021.4刊
No.16	地域資料とデジタルアーカイブ ―たましん地域文化財団歴史資料室を例に―	保坂　一房著 2023.3刊